– SEO COPYWRITING TOP SECRETS REPORT -

DEFINITIVO:
Rivelati i 19 (+1) errori "mortali"
quando scrivi i testi per il tuo sito web
(e come evitarli in modo da non perdere altri clienti)

Autore:
Jessica D'Ascenzo

I0492708

Fondatrice di Testiperfetti.it:
l'unica agenzia di copywriting in Italia
specializzata esclusivamente
nella scrittura "SEO Persuasiva" con il metodo
testato IPNUSEON.

Nessuna parte di questo materiale può essere riprodotta,
modificata,
mostrata davanti a un pubblico o utilizzata a fini commerciali
senza
il consenso previo ed esplicito dell'autore che ne detiene tutti i
diritti.
È tassativamente vietato scansionare, copiare e/o
riprodurne parti o tutto il contenuto.

Premessa

Ho scritto questo report per imprenditori, professionisti, titolari di piccole e medie attività quindi ho volutamente semplificato il linguaggio in modo da spiegare dei concetti tecnici e complessi con delle parole e degli esempi più comprensibili a chi non è del settore. Per questo troverai delle "licenze poetiche" che sicuramente ti faranno capire meglio tutto questo mondo.

Ciao, benvenuto,

complimenti per aver preso la tua copia personale di questo report esclusivo.

Ti sto per "rivelare" i 19 (+1) errori che incontro praticamente nel 99,99999% dei casi quando analizzo i testi dei siti web per conto dei miei clienti e che sicuramente stai commettendo anche tu a meno che non hai ancora un sito web online.

In entrambi i casi questo report sarà un vera pepita d'oro.
Ma prima voglio presentarmi.

Sono Jessica D'Ascenzo, anzi dovrei dire la Dottoressa Jessica D'Ascenzo, visto che sono regolarmente laureata all'Università La Sapienza di Roma **ma NON mi firmo mai così** perché
effettivamente, oggi come oggi, non credo
più che sia un fattore così determinante
per un professionista in questo campo.

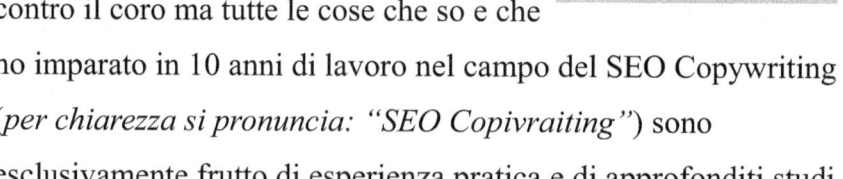

Sì lo so, ti sembreranno parole "strane" e
contro il coro ma tutte le cose che so e che
ho imparato in 10 anni di lavoro nel campo del SEO Copywriting (*per chiarezza si pronuncia: "SEO Copivraiting"*) sono esclusivamente frutto di esperienza pratica e di approfonditi studi

e test fatti fuori dall'università.

Sono sincera: all'università non imparerai mai a costruirti un business né tanto meno a scrivere per vendere, ancor meno a scrivere con apposite tecniche per far scalare il tuo sito sui motori di ricerca e di conseguenza farti trovare da molti più clienti e sostanzialmente fare più "grana".

Sicuramente già lo sai che cos'è il SEO COPYWRITING ma per completezza di informazione provo a spiegartelo nel modo più facile possibile.

Te lo spiego con un esempio.

Un tizio sta cercando su Google "avvocato matrimonialista Roma" perché è interessato a trovare un avvocato con queste caratteristiche.

Se tu sei un avvocato specializzato nei matrimoni/separazioni che opera a Roma sicuramente ti interessa far apparire il tuo sito web nelle prime posizioni su Google nel momento esatto in cui il tizio fa la ricerca. E per farlo hai bisogno del SEO Copywriting.

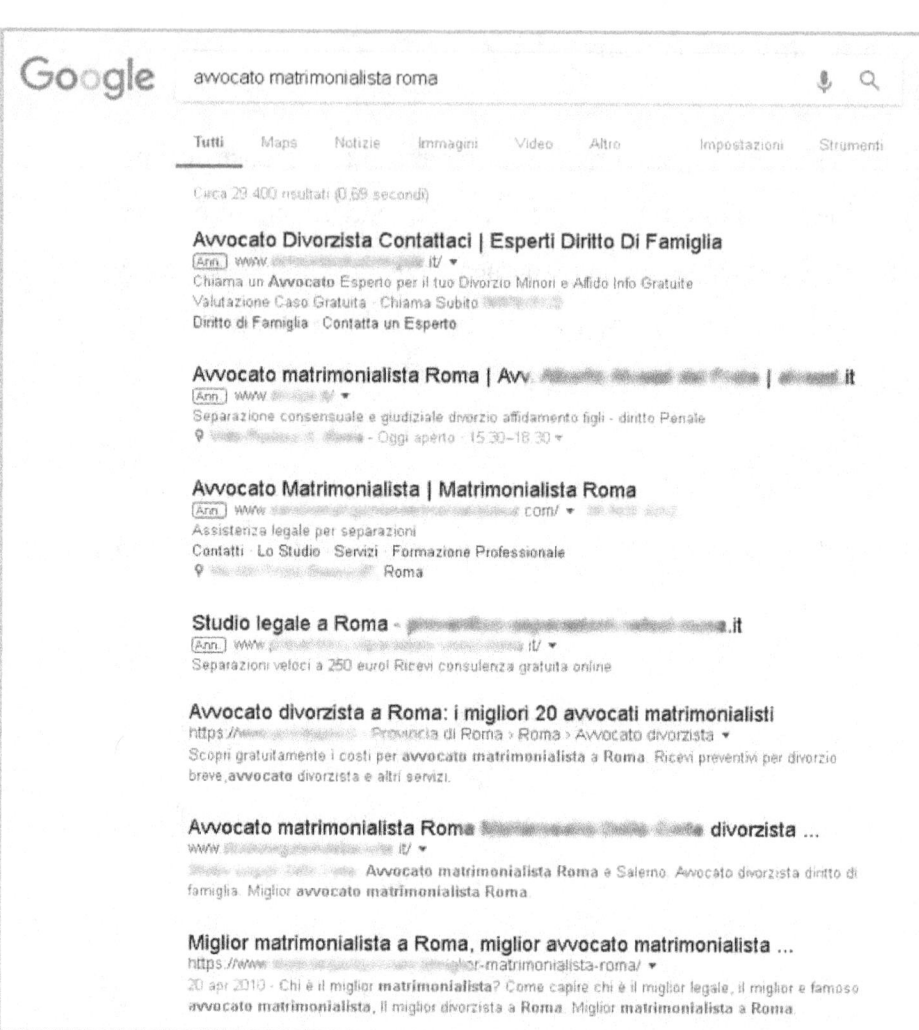

La parola "copywriting" vuol dire: "l'arte di scrivere per vendere"
e la parola SEO vuol dire semplificando: "tecniche per far
apparire i siti web in prima pagina su Google"

Tutti i diritti sono riservati. Copyright© 2018 - Testiperfetti

Capito? Bene.

Questo vuol dire che se hai un sito web sappi che c'è un modo ben preciso per scrivere i testi contenuti al suo interno e che NON possono essere scritti come si scriveva il tema a scuola.

Sono sincera da subito. Voglio rivelarti immediatamente il punto debole del SEO COPYWRITING che solitamente, appena lo svelo, spaventa molti clienti che pensano che un testo SEO sia la sola soluzione a tutti i loro mali. Ma non mi importa.

Non mi piace assolutamente "infinocchiare" nessuno.
È importante che sai la verità fino in fondo.

Fare in modo che il tuo sito compaia tra le prime posizioni per una certa "ricerca" non dipende "soltanto" dal SEO COPYWRITING.

Dipende da tantissimi altri fattori. Te ne elenco alcuni, perlomeno i principali:

- la velocità di caricamento del tuo sito
- da quanto tempo hai acquistato il tuo dominio
- il tuo nome di dominio (www.tuodominio.it)
- se il tuo sito è facile da usare

- se il tuo sito è facile da usare anche da telefonino o tablet

- come sono strutturate le url (www.tuodominio.it/nome-pagina)

- con che sistema software è stato fatto

- **come sono scritte le tue pagine (appunto il SEO COPYWRITING)**

- Ecc

Quindi come vedi i fattori sono molti e sicuramente il SEO COPYWRITING potrebbe da solo non risolvere TUTTI i tuoi problemi di visibilità perché appunto ci potrebbero essere altri fattori che non sono "ottimizzati" (così si dice).

Detto questo, SICURAMENTE il SEO Copywriting è assolutamente uno dei fattori più importanti che NON puoi NON tenere in forte considerazione.

Per darti un'idea: se il tuo obiettivo è quello di essere più visibile su Google e di catturare più clienti possibili (sottraendoli quindi alla concorrenza), considera che è molto più importante come scrivi i testi piuttosto che la grafica del tuo sito web (salvo rarissimi casi).

Qualsiasi cosa tu faccia, se hai un sito web non puoi non affidarti ad un SEO COPYWRITER esperto e in Italia, modestia a parte, sono l'unica ESCLUSIVAMENTE specializzata in questo.

Scrivo "esclusivamente" perché purtroppo come sai già, ormai in Italia, sono tutti esperti di internet, social media qualcosa, programmatori di siti, web markettari ecc ecc.

E quindi è facile imbattersi in qualcuno che dice di saper scrivere anche un testo con le tecniche del SEO Copywriting. Sappi però che il SEO COPYWRITING è una specializzazione complessa che richiede un impegno totale.

Ti spiego questo concetto sempre con un esempio.
Se hai un problema serio al ginocchio vai dal tuo medico di famiglia (che magari sa "anche" qualcosina sul ginocchio) oppure vai da un ortopedico specializzato in chirurgia del ginocchio?

Ecco, ti sei risposto da solo.

Allora se hai bisogno di scrivere i testi per il tuo sito devi andare da un esperto che fa solo questo. Considera che il SEO COPYWRITING è una specializzazione del COPYWRITING che a sua volta è una specializzazione del marketing.

Quindi per fare degli esempi concreti:

Medico di famiglia = Marketing

Ortopedico = Copywriter

Ortopedico specializzato in chirurgia del ginocchio = SEO COPYWRITER

Dopo aver capito questo c'è anche un cosa importante da dire.

Come gli "Ortopedici specializzati in chirurgia del ginocchio" non sono tutti uguali anche i SEO COPYWRITER non sono tutti uguali.

Non voglio portare l'acqua al mio mulino, ma te lo devo dire.
In 10 anni di studi approfonditi nel SEO COPYWRITING e di risultati concreti con più di 100 aziende e professionisti, ho sviluppato un metodo ben preciso.
Il metodo IPNUSEON.

In poche parole il metodo IPNUSEON racchiude tutte le più avanzate tecniche di SEO COPYWRITING con le più potenti tecniche di scrittura persuasiva.

Proprio con questo metodo ho creato una nuova categoria di mercato: "La scrittura SEO Persuasiva".

Infatti, la sola scrittura SEO funziona bene per "pompare" un sito su Google ma non riesce a "persuadere" l'utente a comprare o a richiedere un preventivo. Mentre la sola scrittura persuasiva va bene appunto per "persuadere" ma non tiene conto della parte SEO: si rischia così di avere un sito che ha dei contenuti persuasivi ma che ha difficoltà ad apparire nelle prime pagine di Google.

Proprio per questo ho creato un metodo rivoluzionario che unisce queste due tecniche potentissime: il vero SEO COPYWRITING e la vera scrittura persuasiva.

Scrivo "vere" perché purtroppo è facile trovare molti "finti esperti" in questo campo ed è difficile per l'imprenditore capire e comprendere chi si ha davanti. Specie per quanto riguarda il SEO COPYWRITING.

Ti giuro che in 10 anni ne ho viste di tutti i colori.

Sono venuti da me decine di imprenditori insoddisfatti del lavoro di qualcun altro.

Dopo questa "breve" introduzione passiamo al sodo.

Ecco i 19 (+1) errori che ti aiuterò a non commettere mai più sbloccando definitivamente la possibilità di catturare nuovi clienti e convertirli in denaro profumatissimo!

Ti faccio una RACCOMANDAZIONE per prendere il meglio da questo report leggi gli errori in ordine e non saltare da un errore all'altro. È importante! Leggi nell'ordine esatto in cui sono stati scritti.

Prima di passare al sommario vero e proprio voglio farti leggere alcune testimonianze che ho ricevuto su questo report di persone, imprenditori, professionisti, titolari di piccole attività che lo hanno letto prima di te. Te le voglio far leggere perché sono la mia vera fonte di soddisfazione.

Se vorrai sarà per me un piacere ricevere anche la tua testimonianza subito dopo che avrai letto questo report. Ti basterà mandare una email a testimonianze@testiperfetti.it. Grazie.

Luigi Ancona dice di questo report:

"Ciao Jessica, ho letto il tuo report e sono veramente felice di averlo ricevuto. Seguo molti blog sull'argomento ma nessuno in così poche pagine mi ha saputo spiegare facilmente i concetti fondamentali che ho sempre ignorato quando si tratta di scrivere testi per siti web. Si leggono tante cose sull'argomento ma in realtà quello che ho capito con questo report è davvero il massimo. Grazie ancora, ho capito finalmente dove sbagliavo."

Giada Terenzio dice di questo report:

"Ho letto tutto d'un fiato il tuo report. Sei riuscita a spiegare cose complesse con un linguaggio veramente adatto a tutti. Stavo cercando un copywriter per il mio sito e finalmente mi hai aperto gli occhi su cosa vuol dire veramente fare le cose nel modo giusto. Non conoscevo minimamente la complessità che c'è dietro questo lavoro che pensavo essere molto banale. Ho capito anche le varie specializzazioni del copywriting e che quindi i copywriter non sono tutti uguali. Grazie e complimenti."

Matteo Pietrobon dice di questo report:

"Pensavo di aver preso l'ennesimo report inutile. Di quelli che si trovano ampiamente su Internet. Non ho fatto in tempo a finire di leggere questo report che mi sono reso conto che quello che mi hai spiegato era proprio quello che non avevo mai capito, forse anche perché nessuno è mai riuscito a spiegarlo così. Un saluto"

In questo report analizzeremo i 19 (+1) errori che commetti quando scrivi i testi per il tuo sito web:

➤ **1° ERRORE:** Che cos'è *veramente* una "parola chiave" (quello che non trovi scritto da nessuna parte) e come individuare quella giusta in modo da catturare il numero massimo di potenziali clienti ed evitare il "classico" errore che commettono tutti, anche i copywriter esperti.

➤ **2° ERRORE:** La parola chiave non è l'unica protagonista di un testo, ogni parola chiave corretta ha bisogno di altre "compagne" che la supportino (e che tutti si dimenticano di inserire!).

➤ **3° ERRORE:** Esiste un numero esatto di parole chiave da inserire in un testo per essere certi di far posizionare il sito web nelle prime pagine. Sicuramente lo stai sbagliando anche tu!

➤ **4° ERRORE:** Rivelato il metodo "segretissimo" per disintegrare la concorrenza che tutti ignorano soprattutto chi finora ha scritto i testi del tuo sito web.

➤ **5° ERRORE:** Il sistema "pratico" per cacciare via come la peste i clienti che non pagano e attirare come il miele fa con un orso i clienti che apriranno veramente il portafoglio.

➤ **6° ERRORE:** I cosiddetti contenuti di qualità non sono quelli che immagini tu. Per "attivare" il tuo sito web devi fare questa cosa.

➤ **7° ERRORE:** L'errore dell'italiano medio che fa il furbo prendendo una scorciatoia che lo porta sempre più nel baratro e nell'oblio. Chi commette questo errore è perché non ha letto questo report.

➤ **8° ERRORE:** I tuoi contenuti sono scritti rispettando la "sequenza magica"? Oppure sono scritti a caso? Nella seconda ipotesi hai un grosso problema che puoi risolvere leggendo questo punto.

➤ **9° ERRORE:** Rivelato il trucco imperiale per far entrare le parole dei tuoi testi direttamente nella parte più profonda del cervello di chi li legge.

➤ **10° ERRORE:** I verbi devono essere coniugati in un certo modo per mettere il turbo al tuo sito web e alle vendite. Qui scoprirai questo potente trucco.

> **11° ERRORE:** Ogni quanto bisogna andare a capo? Le frasi come devono essere strutturate per catturare in meno di 3 secondi l'utente in modo da evitare che chiuda la pagina del tuo sito web senza neanche leggere ed evitare che i soldi che spettavano a te finiscano nelle mani della concorrenza?

> **12° ERRORE:** Spiegato nel modo più facile possibile cosa sono i tag tipografici e perché il 99,9% dei copywriter li ignora facendoti perdere una valanga di potenziali clienti.

> **13° ERRORE:** L'errore micidiale che commettono i copywriters (anche quelli più blasonati) quando scrivono il TITOLO di un testo SEO.

> **14° ERRORE:** I testi non sono fatti solo di parole! Perché e come devi aggiungere strategicamente anche le immagini.

> **15° ERRORE:** Come far "percepire" il tuo sito web da Google ancora più autorevole e catturare nuovi potenziali clienti amplificando i tuoi contenuti.

> **16° ERRORE:** È l'arcano degli arcani di tutti i blog e forum che parlano di questo argomento. Scoprirai che in realtà è la bufala per eccellenza e potrai difenderti immediatamente dopo aver letto questo punto.

> **17° ERRORE:** Come far supplicare chi legge i tuoi testi

di volerne leggere sempre di più.

➤ **18° ERRORE:** Come far schizzare in alto il numero di ordini o di preventivi accettati semplicemente inserendo una frase strategica.

➤ **19° ERRORE:** Scopri come far fare all'utente quello che vuoi tu dopo avergli fatto leggere il tuo sito web.

➤ **20° ERRORE - BONUS:** La cosa più importante che devi inserire "dopo tutto il resto" se vuoi essere certo che i tuoi contenuti producano veramente del denaro.

Ok, partiamo con il primo errore.
Per favore, non saltare da un punto all'altro altrimenti ti perdi le varie importanti connessioni tra i punti. Se li ho messi in questo preciso ordine, c'è un motivo.

1° ERRORE

La cosa che vedo più spesso sbagliare (e che tra le altre cose è anche una delle più complesse) è la scelta delle parole chiave da inserire nel testo. Ora ti spiego cosa vuol dire parola chiave.

Ti ricordi l'esempio che ti facevo prima del tizio che cerca su Google "Avvocato Matrimonialista Roma"? Perfetto.
Ecco "Avvocato Matrimonialista Roma" è una parola chiave.

Come vedi le parole chiave sono le parole "esatte" con cui gli utenti cercano cose, aziende, prodotti, servizi su Google.

Ora ci sono parole chiave giuste e parole chiave sbagliate. In che senso?

Capisco che è un concetto molto complesso ma è il fulcro del SEO COPYWRITING e ora cerco di spiegartelo.

I miei clienti mi dicono spesso: "Io mi occupo di .... (PER ESEMPIO: ORTODONZIA)"

Perfetto.

Ecco, vedi nel 99% dei casi la parola che ha usato il mio cliente (per esempio: ortodonzia) non è quella che userà un potenziale utente su Google per cercare quel servizio o prodotto.

Sembra assurdo ma è così ed il perché è anche molto facile.

Generalmente un esperto di un settore usa un linguaggio tecnico proprio di quell'ambito cosa che non fa un utente quando cerca quello stesso servizio. Un cliente non ragiona e non parla come te che sei esperto nel tuo settore.

Esempio:

Un medico dice "meniscectomia"

Un paziente potrebbe cercare su Google: "operazione al ginocchio"

Lo so che se sei un medico qui dirai: "ma meniscectomia è più corretto da dire". Si lo so che è più corretto da dire ma se vuoi fare in modo che il tuo sito web "catturi" più pazienti devi imparare a parlare come loro.

Dirai: "Ok Jessica, ma come si sceglie allora la parola chiave giusta da inserire all'interno dei testi?"

È complesso da spiegare nel dettaglio ma in poche parole ci sono degli strumenti che consentono di "misurare" una determinata parola quante volte è cercata su Google.

Con questo sistema si sa quindi quale "parola magica" deve essere usata per catturare più clienti possibili visto che è proprio quella parola che maggiormente utilizzano per descrivere quel prodotto o servizio.

Esempio pratico.

Cliente che opera nella vendita di cibo per animali.

Nello specifico la parola "cibo per cani" è usata 2180 volte di più della parola "alimenti per cani".

Termini di ricerca		Media delle ricerche mensili [?]
cibo per cani	⌐	2.900
alimenti per cani	⌐	720

Quindi scrivere un testo usando all'interno la parola "cibo per cani" invece che "alimenti per cani" è la scelta vincente che si traduce in molti più clienti "catturati".

Chiaro?

Oltre alla pura analisi matematica è importante saper scegliere la parola giusta anche in base al contesto e al senso. La matematica purtroppo non basta e vedo troppo spesso commettere questo tipo di errore.

Un bravo SEO COPYWRITER sceglie le parole chiave anche in base all'obiettivo del cliente. Non sempre quelle più usate vanno bene. A volte per esempio è meglio scegliere qualcosa di più specifico (che magari svilupperà meno ricerche) ma che aumenterà il numero delle vendite o di richieste di informazioni sul tuo sito.

Per esempio: la parola "giacca" è sicuramente più cercata di "giacca per matrimonio da uomo" ma ovviamente la seconda è più specifica e catturerà soltanto persone che sono interessate proprio a quel prodotto per quello specifico uso.

Dirai: " anche chi cerca <<giacca>> potrebbe volerla usare per un matrimonio." Si certo, ma questo ragionamento ti porta assolutamente fuori strada perché non riesci a isolare il vero cliente interessato al tuo prodotto da quello che visiterà il tuo sito web e uscirà senza aver aperto il portafoglio. Ad ogni modo ti prometto che alla fine di questo report avrai capito anche questa sottile sfumatura che approfondirò nei successivi punti da altre angolazioni.

Come vedi saper scegliere la parola giusta determina il successo del tuo business.

Ovviamente c'è molto da dire sulla scelta delle parole chiave da un punto di vista tecnico ma sinceramente in questo report voglio spiegarti solo le cose che ti servono veramente come imprenditore, professionista o titolare di piccole e medie attività.

Se il tuo ginocchio non va, non hai bisogno di sapere come funziona la muscolatura, lo scheletro, i nervi ecc.

Un consiglio spassionato te lo voglio dare perché ti permetterà di salvare soldi e tempo. Solo per questo consiglio dovresti pagare oro.

Diffida da qualsiasi tizio che scrive per te i testi del tuo sito e fa scegliere a te le parole chiave. In primis ti sta fregando e in secundis non sa minimamente cosa sia veramente il SEO COPYWRITING. Ma tantissimi imprenditori ci cascano!

Prima di scrivere i testi, un vero SEO COPYWRITER fa in prima persona un approfondito studio dell'argomento e individua le migliori parole da usare con appositi strumenti di ricerca.

Prima di passare al secondo errore, ti voglio dire che scegliere la "parola giusta" non solo è necessario per aumentare le possibilità di far mostrare il tuo sito web a molti potenziali utenti che cercano quell'argomento ma è anche IMPORTANTISSIMO se devi fare campagne pubblicitarie (esempio: Google Adwords – per chi non lo sapesse si pronuncia: gugol advuord - che è il sistema di Google che ti permette di far apparire delle pubblicità relative alla tua attività).

In questo modo pagherai molti meno soldi per click visto che le pagine del tuo sito web saranno viste dai sistemi pubblicitari come "maggiormente pertinenti" con l'argomento, visto che contengono proprio la stessa "parola" che userà l'utente quando effettuerà quella ricerca su Google facendo comparire quindi gli annunci pubblicitari.

2° ERRORE

Come dicevo, non solo è necessario individuare la "parola chiave", che per semplificare chiameremo "principale", ma è necessario anche individuare (sempre con appositi strumenti e sensibilità professionale) le parole chiave che servono a rinforzare la pertinenza di quella principale.

È un concetto complesso ma è fondamentale.

Se abbiamo deciso di puntare sulla parola "giacca per matrimonio da uomo" è importante inserire strategicamente all'interno del testo anche altre parole chiave inerenti a quella principale.

In questo modo Google capirà che proprio il tuo sito web risponde alla precisa ricerca che ha effettuato un utente e mostrerà il tuo sito nelle prime posizioni catturando molti clienti interessati proprio al tuo prodotto o servizio.

È difficile trovare le parole "pertinenti" alla parola chiave principale ma ho preparato un videocorso pratico per spiegartelo. Alla fine del report trovi l'indirizzo per vederlo online.

3° ERRORE

Qui voglio sfatare un mito. Mi è capitato spesso di vedere alcuni siti dei miei clienti con dei testi pieni zeppi delle stesse parole chiave.

Forse 15 anni fa era una tecnica che funzionava bene, ora con i sistemi avanzatissimi che Google usa per comprendere il tuo sito non solo ripetere troppe volte una parola chiave non serve a nulla ma anzi può PENALIZZARE drasticamente il tuo sito web.

Infatti Google classificherà il tuo sito web come "spazzatura" e ti farà scomparire dai primi risultati.

C'è un altro mito da sfatare in merito a questo tema e ora te lo spiego.

Ricevo spesso questa domanda: "Jessica qual è il numero di volte che si deve ripetere la parola chiave scelta?"

Troverai su Internet tutte le più disparate risposte.

La verità è che non c'è un valore specifico.
Ad ogni modo, il testo deve risultare assolutamente scorrevole e il contenuto deve essere di alto valore perché, ricordati, non stai scrivendo solo per Google ma soprattutto per il tuo potenziale cliente che devi convincere a comprare da te e non dalla concorrenza.

Cosa vuol dire alto valore? Te lo spiego nel prossimo punto.

4° ERRORE

Passiamo ad un punto fondamentale che troppo spesso vedo sbagliare.

Al di là delle parole chiave da usare, come usarle, quante volte usarle ecc è fondamentale scrivere un testo che spieghi all'utente questo concetto:

"Perché dovresti comprare da me e non dalla concorrenza o addirittura non comprare proprio?"

In fin dei conti se stai leggendo questo report è perché hai bisogno che il tuo sito catturi nuovi potenziali clienti e **li convinca a comprare qualcosa**. Anche se il tuo sito non è un negozio online.

Per esempio se sei un fotografo, vuoi ricevere richieste di preventivo ma poi alla fine di tutto vuoi che comprino i tuoi servizi. Punto.

Giusto?

Ohh, esatto.

È proprio per questo che nei testi è importante spiegare i tuoi punti di forza, i tuoi punti differenzianti rispetto alla concorrenza e indicare i motivi del **perché** un potenziale cliente deve preferire te alla tua concorrenza o al non comprare proprio.

Ti faccio un esempio.

Se vendi "cialde per caffè" nel testo dovrai spiegare perché comprare da te quelle cialde e non da un altro e perché comprare le cialde e farti il caffè a casa piuttosto che andare al bar oppure farti il caffè con la moka.

Hai capito? Lo so, è molto complesso tutto ciò.

Quindi spiegare i tuoi punti differenzianti è un fattore fondamentale.

È assolutamente inevitabile se vuoi che i testi del tuo sito diventino dei soldatini che lavorano giorno e notte al posto tuo per catturare nuovi clienti paganti.

Un testo anche ben fatto dal punto di vista SEO ma che non tiene conto di questo aspetto è un testo "fuffa" (cioè privo di valore). Un testo che tiene conto sia dei tuoi punti differenzianti che di tutti i fattori SEO è un testo bomba e possiamo definirlo un contenuto di qualità.

5° ERRORE

Passiamo alla naturale conseguenza del punto sopra.

Troppo spesso vedo sbagliare o non fare proprio la cosiddetta "profilazione".

Cosa vuol dire? Ora te lo spiego.

Se tu sei specializzato in biciclette super professionali che costano migliaia di euro, non vuoi perdere tempo con gente che ti chiede un preventivo per una bicicletta pensando di spendere pochi soldi. Giusto?

Ecco in questo caso, è importante scrivere un testo ad hoc che catturi i clienti che vogliono la super bicicletta costosa e allontani coloro che invece vogliono spendere un centesimo del tuo prezzo medio.

Sembra scontato tutto ciò ma ti posso assicurare che non lo è. E su alcuni progetti è ancora più evidente.

Ti faccio un esempio:

potrebbe capitare in alcuni settori che non esistono "parole chiave" specifiche e che NON sviluppano delle ricerche significative.

Per esempio in questo caso ci accorgiamo, in fase di analisi, che sia il cliente che vuole la bici sportiva di lusso costosa che il cliente che vuole la bici sportiva che costa poco usano entrambi la parola chiave su Google *"bicicletta sportiva"*.

È importantissimo quindi scrivere il testo in modo da catturare il cliente giusto e allontanare il cliente che non acquisterà mai quel prodotto perché fuori budget.

Vedo invece troppo spesso scrivere dei testi generalisti che non tengono conto di questo aspetto.

In questo modo potresti rischiare di non catturare né uno né l'altro.

Ti starai chiedendo: "ma io posso vendere sia biciclette sportive di estremo lusso costose che economiche" come mi devo comportare?

Vedi in questa situazione, hai un grosso problema. Stare con due piedi in una fossa, sul lungo periodo non è mai una saggia scelta!

Il futuro è dei super-specialisti! Ricordatelo... Specie se sei un piccolo/medio imprenditore o professionista.

6° ERRORE

Un altro errore che vedo spesso è quello di copiare spudoratamente la concorrenza.

Ti faccio un esempio: hai mai visto o letto i siti web di quelli che scrivono di *realizzare siti web per professione*?

Se li hai visti sai di cosa parlo altrimenti te lo dico io.

Sono tutti uguali. È un copia e incolla generale.
Se apri 100 siti dicono tutti le stesse cose. Senza alcuna differenza sostanziale.

È incredibile! Ma dico io: "sì lo so che di base la pappa è la stessa. Ma vuoi sforzarti di trovare un modo per catturare il potenziale cliente e rubarlo alla concorrenza magari trovando dei punti differenzianti? E sottolineandoli fino alla morte?"

Testi come: "*il nostro studio giovane e dinamico è sempre pronto a soddisfare le richieste del cliente*" non servono a niente! Fidati. Quindi se anche sul tuo sito hai scritto queste minchiate, ti perdono, perché finalmente hai deciso di imparare il modo giusto per scrivere i tuoi contenuti!

Avrai solo un grosso problema: la tua concorrenza non sarà

affatto contenta! Mentre i tuoi potenziali clienti saranno felicissimi finalmente di trovare proprio TE nel grande mucchio di Internet! Te lo posso garantire.

7° ERRORE

Questo errore che sto per mostrarti è davvero dannoso per il tuo sito web . Occhi aperti!

Mi è capitato di vedere non solo copiare i concetti della concorrenza ma anche di vedere proprio copiato paro paro, parola per parola, lo stesso contenuto preso su un altro sito.

Bene, oltre a essere una tecnica inutile a livello di marketing è dannosissima perché Google marchierà il tuo contenuto come "DUPLICATO".

La penalizzazione è assicurata. Tu dirai: " Ma chi copia paro paro un testo da un altro sito?"

Moltissimi. Te lo posso assicurare. Generalmente lo vedo fare da chi ha siti ecommerce.
È uso comune copiare per esempio le schede descrittive di un prodotto che magari vende anche qualche altro negozio online.

31

SITO WEB 1

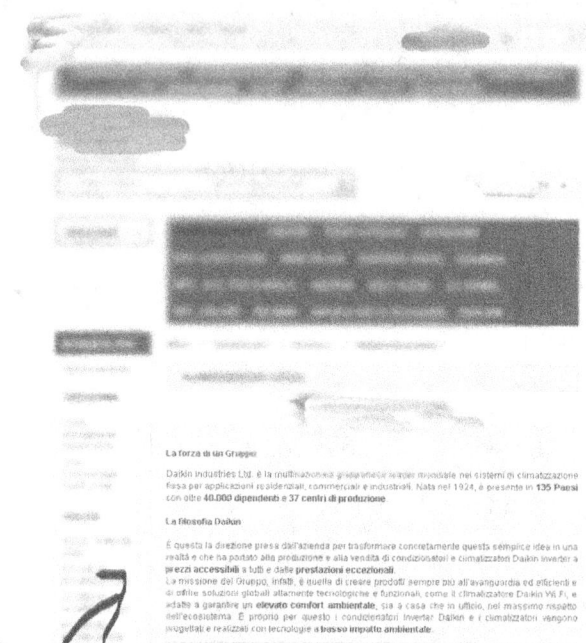

La forza di un Gruppo

Daikin Industries Ltd. è la multinazionale giapponese leader mondiale nei sistemi di climatizzazione fissa per applicazioni residenziali, commerciali e industriali. Nata nel 1924, è presente in **135 Paesi** con oltre **40.000 dipendenti e 37 centri di produzione**.

La filosofia Daikin

È questa la direzione presa dall'azienda per trasformare concretamente questa semplice idea in una realtà e che ha portato alla produzione e alla vendita di condizionatori e climatizzatori Daikin inverter a **prezzi accessibili** a tutti e dalle **prestazioni eccezionali**.

La missione del Gruppo, infatti, è quella di creare prodotti sempre più all'avanguardia ed efficienti e di offrire soluzioni globali altamente tecnologiche e funzionali, come il climatizzatore Daikin Wi-Fi, e adatte a garantire un **elevato comfort ambientale**, sia a casa che in ufficio, nel massimo rispetto dell'ecosistema. È proprio per questo i condizionatori Inverter Daikin e i climatizzatori vengono progettati e realizzati con tecnologie a **basso impatto ambientale**.

TESTO IDENTICO

SITO WEB 2

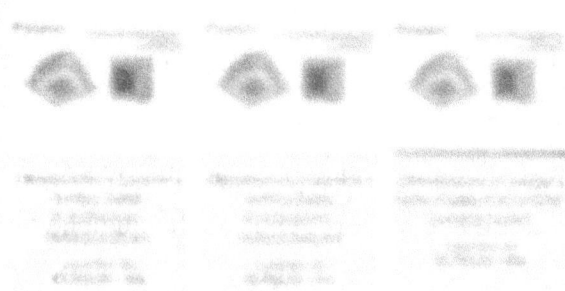

Daikin

Daikin è la multinazionale giapponese leader mondiale nei sistemi di climatizzazione fissa per applicazioni residenziali, commerciali e industriali. Nata nel 1924, è presente in 135 Paesi con oltre 40.000 dipendenti e 37 centri di produzione.

La filosofia Daikin
È questa la direzione presa dall'azienda per trasformare concretamente questa semplice idea in una realtà e che ha portato alla produzione e alla vendita di condizionatori e climatizzatori Daikin Inverter a prezzi accessibili a tutti e dalle prestazioni eccezionali.
La missione del Gruppo, infatti, è quella di creare prodotti sempre più all'avanguardia ed efficienti e di offrire soluzioni globali altamente tecnologiche e funzionali, come il climatizzatore Daikin Wi Fi, e adatte a garantire un elevato comfort ambientale, sia a casa che in ufficio, nel massimo rispetto dell'ecosistema. È proprio per questo i condizionatori Inverter Daikin e i climatizzatori vengono progettati e realizzati con tecnologie a basso impatto ambientale.

Guarda per esempio questi due siti differenti che hanno gli stessi testi, identici.

L'italiano medio dice: "Ma chi me lo fa fare a scrivere un testo per descrivere i prodotti che vendo? Lo copio già bello e pronto dal mio concorrente e il gioco è fatto. E sono anche più furbo!"

Sei sicuro che questo tizio è più furbo?

Non cadere in queste scorciatoie. Fidati.

Un altro rischio di imbattersi in contenuti duplicati è affidarsi a qualche sedicente esperto "copywriter" che per far prima, a tua totale insaputa, lo copia lui da qualche altra parte senza dirti nulla!

In questo caso, un campanello d'allarme è il costo che ti preventiverà.
Vedo in giro copywriter che si fanno pagare un testo 5/10/20 euro.

Che testo pensi ti scriverà un copywriter che si fa pagare 5 euro?

Ti dico solo che per fare un testo SEO persuasivo perfetto ci possono volere diverse ore di lavoro!

La cosa bella però è che scrivere dei "testi perfetti" è un investimento decisamente duraturo (a meno che non cambi attività!) perché una volta fatti bene i testi possono rimanere lì per molto tempo e produrre denaro per te.

Quindi, risparmiare in questo caso non è un vero risparmio!

Voglio rispondere a una domanda che mi viene fatta molto spesso.

"Jessica, ho un blog. Come faccio a scrivere sempre dei contenuti freschi e nuovi?"

Vedi qui tutti sbagliano, perché si incasinano la mente per cercare di scrivere sempre qualcosa di nuovo.

Il segreto di un blog (aziendale intendo) è quello di ripetere sempre i tuoi punti differenzianti ogni volta con storie, esempi e parole nuove.

Si può scrivere lo stesso concetto di fondo con parole completamente differenti all'infinito.

Ed è proprio questo il "trucco" più importante che bisogna

mettere in atto se vuoi scrivere il tuo blog aziendale. Poi, se vuoi mettere il turbo al tuo blog, ogni volta che scrivi un articolo devi stare sempre attento comunque a tutti questi 19 errori (+1)!

8° ERRORE

Un altro errore comune che noto nei testi di molti siti web è la mancanza di un filo logico in quello che c'è scritto causando così un blocco all'utente sia nel continuare a leggere sia nel compiere un'azione che potrebbe essere per esempio: acquistare un servizio/prodotto oppure richiedere un preventivo.

Devi sapere infatti che esiste una precisa sequenza "logica" che va rispettata se vuoi che il concetto che hai da dire con i tuoi testi si fissi nella mente di chi lo legge.

Chiaramente tutto quello che ti sto dicendo va bene se devi scrivere "testi aziendali per siti web". Infatti io con Testiperfetti sono specializzata proprio in questo genere di testi.
È chiaro che se devi scrivere un saggio, una poesia, un tema o qualsiasi altra cosa che NON serve a vendere i tuoi prodotti o servizi quello che ti sto dicendo non va bene.

Ritornando ai "testi aziendali per siti web" è importante infatti:

- catturare l'attenzione

- far immaginare e toccare con mano quello che hai da dire al tuo lettore

- farti percepire come una fonte autorevole

- dirgli cosa deve fare in maniera facile e diretta, dirgli perché lo deve fare con te e non con un altro o non farlo proprio

Ti metto qui uno schema logico sequenziale che nel 90% delle volte funziona:

1. Di cosa stiamo parlando e perché ne ho bisogno?
2. Perché ti devo ascoltare e non ascoltare qualcun altro?
3. Cosa devo fare per ottenere ciò che mi hai appena detto?
4. Come? In che modo preciso?
5. Cosa succede se faccio quello che mi dici?
6. Cosa succede se NON faccio quello che mi dici?

Perché ho scritto che funziona nel 90% delle volte e non nel 100% delle volte?

Ricordati sempre una frase magica: "**Dipende SEMPRE dall'obiettivo e dal tuo progetto**"

Questo schema è assolutamente utile sia per vendere i tuoi servizi o i tuoi prodotti che per ricevere maggiori richieste di preventivo.

In realtà ci sono schemi più complessi e altri schemi (che custodisco gelosamente) che non ha senso pubblicare qui. Nel primo caso perché per farteli comprendere ci vorrebbero 50 libri a supporto. Nel secondo caso perché sono i cavalli di battaglia del mio metodo testato IPNUSEON! :-)

Chiaramente se ci incontreremo avremo modo di parlarne ma soprattutto ne potrai beneficiare prima dei tuoi concorrenti.

L'importante è che hai capito che esiste uno schema logico preciso e che non rispettarlo vuol dire perdere molti clienti che visitano il tuo sito web.

9° ERRORE

Il nono errore è comunissimo. Lo vedo praticamente nel 99% dei casi.

Al di là dello schema logico, dei fattori differenzianti, delle "parole chiave" giuste è assolutamente importante scegliere e utilizzare CORRETTAMENTE il linguaggio giusto.

Troppo spesso vedo molti testi aziendali scritti per esempio dando del "lei".

Purtroppo dare del "lei" su Internet non è mai una buona mossa. Lo so, dirai: "Ma io mi occupo di offrire servizi a degli Avvocati molto prestigiosi e mi sembra assurdo e poco cordiale dare del tu".

Certo, hai ragione ma devi distinguere Tu persona e Tu azienda rappresentata da un sito web.

È chiaro che, se vuoi, quando parlerai con i tuoi clienti di persona se pensi sia meglio puoi dargli del lei.

Ma qui si sta parlando di siti web. Che hanno altre etichette e regole.

Purtroppo la forma *"del lei"* quando si scrive per vendere soprattutto all'interno di siti web non funziona mai perché stai creando una barriera emotiva tra te (sito web) e il potenziale cliente.

I testi con la forma del "lei" sono freddi e per nulla persuasivi.

Vedi, anche in questo report, sto usando la forma del "TU" e tu potresti essere:

- Un avvocato
- Un professionista prestigioso
- Un notaio
- Un manager
- Un imprenditore
- Un titolare di negozio
- Ecc

Nonostante questo ho preferito darti del tu (con tutto il rispetto del mondo) per facilitarti la lettura.

Leggi questa frase che ho ripreso proprio da questo report qualche riga sopra:

È chiaro che se devi scrivere un saggio, una poesia, un tema o qualsiasi altra cosa che NON serve a vendere i tuoi prodotti o servizi quello che ti sto dicendo non va bene.

Si capisce vero?

Ora, guarda cosa succede se scrivo la frase sopra in blu dandoti del "lei" invece che del "tu".

È chiaro che se deve scrivere un saggio, una poesia, un tema o qualsiasi altra cosa che NON serve a vendere i suoi prodotti o servizi quello che le sto dicendo non va bene.

Ti rendi conto da te che la frase in blu è molto più chiara e scorrevole ed evita qualsiasi tipo di dubbio. Nella seconda frase quella in rosa con il "lei" ti accorgi che già nella prima parte "È chiaro che **se deve** scrivere un saggio..." fai una certa fatica a capire quel "se deve" a chi si riferisce se a te oppure ad una terza persona.

Mentre invece con "se devi" ti è subito super-chiaro che sto parlando proprio a te.

Ok? Quindi mi raccomando fai questo sforzo. Lo so è dura. Ma ti posso assicurare che solo questa cosa ti aiuterà moltissimo con i potenziali nuovi clienti.

Un altro errore nella scelta del linguaggio giusto che vedo spesso è capire il tono di da usare.

A volte vedo usare "parolacce" che è meglio evitare e a volte invece è meglio usare volutamente un "linguaggio più colorito" perché è più incisivo e avvicina di più il potenziale cliente.

10° ERRORE

Passiamo ai verbi che fanno parte di un errore molto comune quando si scrivono testi SEO persuasivi per siti web aziendali.

Attenzione perché questo punto è veramente molto importante e può cambiare drasticamente la visibilità del tuo sito e il suo livello di persuasione!

L'italiano è una bellissima lingua però ha dei limiti quando si tratta di usarla per vendere.

Il primo errore è quello di usare verbi come il congiuntivo (per esempio) o forme come passato remoto, trapassato remoto, imperfetto ecc perché, come per il "lei", questi verbi possono allontanare e confondere l'utente che sta leggendo.

Lo so, se sei un insegnante di italiano dirai: "Questa è un'eresia!"

Fortunatamente gli insegnanti di italiano non sono nei miei clienti potenziali e quindi molto probabilmente non avrai pensato questa cosa.

Ovviamente questa regola vale solo per la scrittura di testi SEO persuasivi aziendali che servono per vendere!!

Generalmente quindi è molto meglio usare l'indicativo presente.
A volte si può usare il futuro semplice quando c'è la necessità di proiettare il cliente appunto nel futuro!

Con l'indicativo presente è tutto più chiaro e il messaggio soprattutto sul web arriva meglio.

Un'altra forma importante che si deve usare è l'infinito.

Il motivo qui è più legato alla SEO che alla persuasione.

Infatti, la maggior parte degli utenti quando cercano qualcosa su Google molto spesso usano frasi come: "acquistare sedie online", "fare la dieta" , "mangiare meno" ecc

Come puoi vedere quindi si usano molto spesso verbi all'infinito presente.

È buona regola cercare di modificare le frasi usando questa coniugazione.

Per esempio la frase:

"Vendiamo accessori per il tuo bagno"

Possiamo riscriverla così, usando l'infinito presente:

"Su questo sito puoi acquistare accessori da bagno"

Chiaramente qui la difficoltà è quella di armonizzare il tutto tenendo conto di tutti i fattori SEO, dei sistemi di persuasione, delle **parole chiave**, dei verbi, del filo logico, dei fattori differenzianti che si vogliono comunicare ecc ecc
Quindi se è banale trasformare una frase con una coniugazione verbale differente potrebbe essere molto difficile farlo per un testo complesso e articolato che deve tenere conto di moltissimi fattori per "funzionare".

11° ERRORE

Ora passiamo a un altro errore che vedo spessissimo su moltissimi siti web aziendali.

Anche se il contenuto del testo è stato scritto in maniera persuasiva e corretta dal punto di vista SEO (quindi è stato fatto un lavoro di ricerca delle "parole chiave" giuste) la forma visiva del testo è molto importante. Questo perché ti permette di far mantenere il cliente incollato alla lettura ed evitare lo spiacevole fatto di far si che l'utente clicchi sul tuo sito web e dopo una rapida sbirciata chiuda subito e passi al sito della concorrenza senza neanche leggere i tuoi testi.

Quindi la "forma visiva" è assolutamente importante.

Vedo spesso testi tutti attaccati. Oppure senza alcun tipo di differenziazione con l'uso di corsivi, grassetti ecc

Alcune regole che funzionano sempre sono:
- scrivere frasi non più lunghe di 3/4 righe
- lasciare un "a capo" ad ogni paragrafo in modo da lasciare aria nella lettura e invogliare l'utente a leggere anche un testo molto lungo
- scrivere frasi corte
- usare degli esaltatori come il corsivo, il grassetto, parole

completamente in MAIUSCOLO in modo da catturare velocemente l'utente e farlo continuare a leggere.

Ricordati che ci sono 3 fattori per far diventare il tuo sito web un bancomat:

1. farti trovare sul web per ricerche specifiche (esempio: avvocato matrimonialista Roma)
2. far leggere il tuo contenuto fino in fondo da chi ha trovato il tuo sito web
3. fare in modo che il tuo contenuto scateni una qualche azione: richiesta di un preventivo, acquisto, ecc

Considera che l'utente medio quando cerca per esempio: "avvocato matrimonialista Roma" non apre solo il tuo sito web ma molto probabilmente apre anche tutti gli altri siti che rispondo a questa ricerca e dedicando al MASSIMO 6/10 secondi ad ognuno decide quale chiudere e quale approfondire al di là degli effettivi contenuti all'interno.

Quindi proprio per questo motivo in 6 secondi devi catturare l'attenzione e puoi farlo appunto con un testo che sia visivamente areato, con qualche grassetto nei punti giusti, corsivi e qualche parola "magnetica" magari completamente scritta in

MAIUSCOLO.

Un'altra arma che bisogna usare è quella dei cosiddetti bullet point.
Che in parole povere sono gli elenchi puntati.

Gli elenchi puntati quando spieghi un concetto sono molto importanti perché sono facili da leggere e da ricordare.

Una raccomandazione: il troppo storpia! Sempre. Quindi troppi grassetti equivale a non metterli, troppe parole in corsivo equivale a mettere tutto il testo in corsivo e così via. L'equilibrio è la chiave.

Anche il tipo di font (cioè il carattere con cui è scritto il testo) e le dimensioni sono fattori estremamente importanti.

Ti consiglio di usare solo due tipi di font.

I cosiddetti SANS SERIF che sono per esempio ARIAL, ROBOTO, ecc
Oppure i cosiddetti SERIF che per esempio è il TIMES NEW ROMAN, esattamente il font che sto usando per scrivere questo report.

In generale quando si scrive un qualcosa di stampabile si usano i font della famiglia SERIF (quasi tutti i libri sono scritti così) mentre per testi completamente digitali o che devono apparire come moderni, come quelli di un sito web, si usano font della famiglia SANS SERIF.

Ad ogni modo l'importante è non usare font poco leggibili. Qui purtroppo i grafici spesso tendono a usare font di questo tipo perché credono di fare qualcosa di più creativo. Ovviamente sbagliando.

Un testo su un sito web per tutte le ragioni che ti ho scritto sopra si deve leggere a colpo d'occhio e non devi MAI sforzarti per farlo.

Prima di passare al prossimo errore voglio che guardi con i tuoi occhi questi 2 testi scritti in due modi **visivamente differenti** (NON VANNO LETTI MA VANNO SOLO VISTI A COLPO D'OCCHIO).

VERSIONE VISIVAMENTE CORRETTA

Su Puliremeglio, hai l'aspirapolvere folletto usato VK121 con due garanzie speciali:

- 100 giorni soddisfatto o rimborsato - GARANZIA UNICA IN ITALIA

Puoi provare il tuo folletto rigenerato vk121 per 100 giorni *(più di 3 mesi!)* e se non ti piace puoi rimandarcelo indietro. Ti restituiamo tutti i tuoi soldi, il **100% del costo del folletto usato che hai pagato.**

- Garanzia 2 anni per il tuo folletto usato VK121

Garantiamo il tuo folletto usato 2 anni e siamo gli unici in Italia a farlo. Se il tuo aspirapolvere usato vk121 non va bene, non funziona correttamente o si è rovinato qualche pezzo non ti devi preoccupare perché lo ripariamo e te lo mandiamo a casa come nuovo.

Per maggiori informazioni guarda le condizioni di vendita.

Siamo gli unici che ti offriamo queste garanzie perché sappiamo che ogni euro che hai destinato all'acquisto del tuo folletto usato te lo sei sudato giorno dopo giorno con il tuo lavoro, rinunciando ad andare a cena fuori o a comprarti il vestito nuovo che vedi ogni mattina passando davanti alla vetrina del negozio.

Vuoi essere certo di fare l'acquisto giusto che non ti dà fregature, che non ti fa rimpiangere di aver speso i tuoi soldi e che non ti fa avere un folletto che si rompe subito o che non funziona bene...

...Ecco perché ti rimborsiamo il 100% della tua spesa se non sei soddisfatto e ti garantiamo il tuo folletto per due anni.

VERSIONE VISIVAMENTE SBAGLIATA

Vorwerk Folletto VK121 Rigenerato,

è dotato di una carcassa robusta in plastica dura di colore beige, in cui è racchiuso il cuore del folletto : il motore.

Il manico in ferro e plastica estraibile e telescopico (ad altezza regolabile) è dotato di una maniglia i' plastica che incorpora l'avvolgicavo. Il cavo ha una lunghezza di 7 metri con presa italiana o presa schuko non è estraibile ma è attaccato all'estremità della maniglia. L'unità filtro è formata da una gabbia avvolta dal telo in stoffa che funga da filtro dell'aria, nello stesso infatti è racchiuso il vano porta sacchetto che è possibile aprire attraverso l'apposita levetta laterale di colore giallo. I sacchetti sono in carta.

Nel corpo spazzola è montata la setola adatta a tutti i tipi di pavimenti, anche se è possibile acquistare a parte la **setola con feltrini** che si presta particolarmente adatta a pavimenti come marmo e parquet.

Il peso totale dell'apparecchio è di 3,35kg ed ha un motore con una potenza di 220watt. Il motore è ad aspirazione diretta: tutto ciò che viene aspirato attraversa il motore e la ventola fino ad arrivare al sacchetto. Per questo motivo si presta ad aspirare solo ed esclusivamente polvere. Non ha una manutenzione annuale di filtri, bisognerà preoccuparsi solo di sostituire il sacchetto quando si accenderà la spia gialla sul vano motore.

L'anno di costruzione varia tra il 1988 ed il 1992, ma resta un dato comunque trascurabile in quanto essendo il prodotto rigenerato, si presenta come nuovo,ripulito, testato,perfettamente funzionante e con 12 mesi di garanzia!

Come puoi vedere la prima versione risulta più facile e scorrevole, mentre la seconda è troppo pesante da leggere.

Ultimo consiglio: bisogna evitare le sottolineature per enfatizzare un testo. Questo perché è convezione su Internet che la sottolineatura indica un link.

Quindi se per enfatizzare una parola o una frase la sottolinei <u>tipo così,</u> l'utente molto probabilmente ci cliccherà sopra pensando che sia un link! Invece rimane fregato e DELUSO. E poi sul link vero non ci cliccherà pensando che anche quello "non funziona".

12° ERRORE

Passiamo a un errore che riguarda principalmente la scrittura SEO.

Qui si va nel tecnico ma è quantomeno doveroso spiegarti a grandi linee questo concetto.

Devi sapere che un testo che viene inserito in un sito web in realtà NON è solo composto dalle sole parole del testo ma è composto anche da righe di codice che tu non vedi!

Dirai: "Cosa? Non ti seguo"

Sì lo so, scusami è un concetto complesso ma se ti concentri ti prometto che alla fine comprenderai anche questo aspetto. IMPORTANTISSIMO!

Leggi questo testo:

CERCHI UN HOTEL A ROMA CON VISTA SUL COLOSSEO?

Qui trovi la lista dei 10 migliori hotel a Roma con vista sul Colosseo valutati 5 stelle su 5 da un milione di viaggiatori!

Roma è una città meravigliosa e meravigliosi sono anche gli hotel dove puoi soggiornare. Infatti di Hotel a Roma ce ne sono molti ma quelli più suggestivi e dove vale veramente la pena alloggiare sono quelli con vista sul Colosseo. La vista che offrono è incredibilmente suggestiva e la tua vacanza sarà veramente indimenticabile.

Passiamo alla lista dei 10 migliori Hotel a Roma con vista sul Colosseo

Dopo aver provato personalmente questi 10 hotel a Roma con vista sul Colosseo posso confermare che le oltre 1 milione di recensioni dicono la verità.

Infatti, posso affermare con grande sincerità che se hai intenzione di trascorrere un week end a Roma, questi hotel sono assolutamente la miglior scelta che puoi fare.

Se vuoi incantare il tuo lui oppure far sognare la tua lei devi assolutamente prenotare una camera scegliendo tra questi 10 hotel a Roma con vista sul Colosseo.

Letto?

Bene.

Come puoi vedere il testo è composto da un TITOLONE, un sotto-titolone, dei paragrafi, un titolo di paragrafo e poi ancora altri paragrafi.

Ohh, praticamente devi sapere che, oltre alla grandezza del carattere (font), è indispensabile al fine di aiutare Google a comprendere il testo e quindi a spingere il tuo sito nelle prime pagine dei risultati, inserire dei "tag" nel codice della pagina.

Il codice della pagina è la versione del sito web scritta per Google e i tag al suo interno comunicano ai motori di ricerca (come Google appunto) tutti gli elementi del testo come:

- titoloni

- sotto-titoloni

- paragrafi

- titoli di paragrafo

- ecc

Per esempio il TITOLONE avrà il cosiddetto tag H1, il sotto-titolone il tag h2, i paragrafi il tag "p" e i titoli dei paragrafi il tag da H3 a H7, in base a come vuoi strutturare il testo.

Ma cosa vuol dire tutto questo?

Praticamente il testo che leggerai sul sito è quello che hai letto sopra, invece il testo che leggerà Google sarà così:

<h1>CERCHI UN HOTEL A ROMA CON VISTA SUL COLOSSEO?</h1>

<h2>Qui trovi la lista dei 10 migliori hotel a Roma con vista sul Colosseo valutati 5 stelle su 5 da un milione di viaggiatori!</h2>

<p>Roma è una città meravigliosa e meravigliosi sono anche gli hotel dove puoi soggiornare. Infatti di Hotel a Roma ce ne sono molti ma quelli più suggestivi e dove

vale veramente la pena alloggiare sono quelli con vista sul Colosseo. La vista che offrono è incredibilmente suggestiva e la tua vacanza sarà veramente indimenticabile.

<h3>Passiamo alla lista dei 10 migliori Hotel a Roma con vista sul Colosseo.</h3>

Dopo aver provato personalmente questi 10 hotel a Roma con vista sul Colosseo posso confermare che le oltre 1 milione di recensioni dicono la verità. Infatti, posso affermare con grande sincerità che se hai intenzione di trascorrere un week end a Roma, questi hotel sono assolutamente la miglior scelta che puoi fare.

Se vuoi incantare il tuo lui oppure far sognare la tua lei devi assolutamente prenotare una camera scegliendo tra questi 10 hotel a Roma con vista sul Colosseo.

Sì lo so, è una cosa da "topi da computer" ma è fondamentale se si vuole scrivere un testo SEO ottimizzato per Google in grado di far scalare il tuo sito web nelle prime pagine.

L'errore che vedo spesso fare è quello di non mettere i tag, oppure mettere più di un tag H1.

Infatti Google vuole che tu metta un solo tag H1 per pagina mentre non c'è un vincolo per gli altri tag.

È importante far coincidere il tag H1 con la "parola chiave" scelta.

Purtroppo alcuni miei clienti che si sono affidati ad altri copywriter prima di affidarsi a me, hanno avuto dei problemi con questa roba dei tag. Perché i copywriter gli avevano consegnato i testi senza dirgli come e dove dovevano essere messi i tag.

Dirai: "Si Jessica, ok, tutto bellissimo quello che dici ma se anche mi dici a me dove mettere questi tag non saprei comunque come fare"

Sì lo so. È proprio per questo che ho creato il videocorso #PersuasiveSEO in cui ti spiego e ti faccio vedere come applicare materialmente tutto questo.

13° ERRORE

Un altro errore comune è quello che vedo spesso commettere nel

"TITOLONE".

Qui però è doveroso fare una precisazione.

Nel copywriting classico il TITOLONE viene chiamato in gergo "HEADLINE" (si pronuncia: "EDLAIN").

Vedo spesso usare un headline che va bene per la " persuasione" ma non va bene per il SEO (quindi per migliorare il posizionamento del tuo sito web su Google).

Infatti come ti ho già detto, il TITOLONE o HEADLINE deve avere il tag H1 e deve contenere la "parola chiave" principale.

Nel SEO COPYWRITING è importante fare in modo che il titolone sia ottimizzato per Google e il sotto-titolone sia in realtà il vero "Headline" del tuo testo.

Passiamo all'esempio pratico che forse è più chiaro:

TITOLONE: "Ricambi Aspirapolvere Folletto"
SOTTO-TITOLONE: "Come acquistare i ricambi del tuo aspirapolvere Folletto risparmiando un 30% senza rinunciare alla potenza di aspirazione, alla sicurezza e all'affidabilità (e senza causare problemi all'aspirapolvere)."

Capito?

Quindi come vedi, ci sono delle precise regole da seguire.

Proprio per questo dico spesso che è molto differente il copywriting tradizionale dal SEO copywriting perché, se dovessi scrivere un testo senza preoccuparmi del SEO e di Google, molto probabilmente eviterei di scrivere il titolone così come è inteso nel SEO Copywriting. Scriverei invece un titolone direttamente nella forma di "Headline".

14° ERRORE

Ora passiamo a un argomento decisamente importante che apparentemente non c'entra nulla con la scrittura SEO persuasiva: le immagini.

Tu dirai: "Ma le immagini che c'entrano con i testi?"

Beh, c'entrano moltissimo.
Le immagini rafforzano quello che dici e fanno immaginare meglio quello che scrivi.
Non solo, rendono ancora più tangibile alcune parole e alcuni concetti nel tuo testo.

Vedo troppo spesso però sbagliare la scelta dell'immagine.
Il primo sbaglio è principalmente tecnico.

Immagini troppo pesanti in termini di dimensioni rendono il sito molto lento (soprattutto quando ti colleghi dal telefonino) e sono una della principali cause di abbandono del tuo sito web.

Ti è mai capitato che il sito è lento a caricare? Cosa fai generalmente quando succede? Ti urti il sistema nervoso vero? Bene, sappi che se il tuo sito non si carica in 5/6 secondi massimo l'utente chiude la pagina senza neanche aspettare il caricamento completo.

Ti rendi conto?
Hai un prodotto o servizio bomba, hai scritto i testi in maniera persuasiva ma i tuoi potenziali clienti abbandonano il tuo sito senza neanche farlo caricare completamente.
Bell'affare!

Senti qua, come regola generale un'immagine non deve superare 100/200 kb (kb si pronuncia "chilobait").
Ma che vuol dire?

I kb sono un'unita di misura proprio come i kg (chilogrammi) che appaiono sulla tua bilancia.

Hai mai visto in ascensore il cartello: Peso massimo 120KG?

Vale lo stesso concetto su un sito web. Un'immagine troppo "pesante" causa un serio rallentamento del tuo sito che di conseguenza causa una perdita netta di clienti.

Al contrario anche immagini di bassa qualità, sgranate, deformante danno la percezione che quello che scrivi sia poco autorevole.

Quindi occhio a questo punto! Perché è un errore che vedo spesso fare.

A volte, si pensa di risparmiare facendosi da soli le immagini oppure affidandosi a un grafico improvvisato ma ahimè è assolutamente deleterio per le entrate della tua attività.

Come per i testi "DUPLICATI" è importante evitare di prendere le stesse immagini che usa la tua concorrenza. Ti consiglio di fartele fare da un fotografo professionista mentre ti sconsiglio di comprarle su siti come Istock o ShutterStock perché anche qui il rischio è che la tua concorrenza possa avere le stesse foto che compri tu e non è molto intelligente a livello di comunicazione.

Personalmente preferisco sempre avere delle foto professionali fatte su misura e uniche. Per esempio foto del tuo volto oppure dei tuoi prodotti. Avere questo materiale aiuta tantissimo la riuscita del progetto in generale e i testi prendono molta più forza.

15° ERRORE

Altro errore comune e collegato sempre alle immagini sono anche in questo caso la mancanza di appositi "tag".

Come per i paragrafi, titoloni ecc anche le foto hanno un tag importante per Google.
Questo tag si chiama "ALT".

In pratica serve a Google per comprendere meglio il significato dell'immagine e quindi capire la coerenza generale del tuo testo con la "parola chiave" per cui hai deciso di voler spingere il tuo sito web.

Anche qui, questo fattore è decisamente importante anche nel caso in cui vuoi fare delle campagne pubblicitarie a pagamento.

Un'immagine con un tag "ALT" corretto generalmente fa costare meno la campagna pubblicitaria perché aumenta la pertinenza generale del tuo sito web.

Gli errori più comuni legati a questo tag "ALT" sono:
- la sua mancanza totale
- la sua presenza ma con un contenuto sbagliato

Per capire cosa scrivere nel tag alt è necessario analizzare come sempre l'obiettivo del progetto.

La cosa bella è che praticamente quasi tutti i sistemi per fare siti web consentono tranquillamente di inserire questo tag. L'importante è sapere cosa scriverci dentro ma te lo spiegherò più avanti nel videocorso #PersuasiveSEO e nelle mie lezioni dal vivo.

16° ERRORE

Bene questo è uno dei miei punti preferiti.
Non so sinceramente quante volte lo sento dire su blog, forum e non so quante volte me lo chiedono i miei clienti.

Generalmente questa è la frase che dicono i miei clienti: "Jessica mi hanno detto (*non si sa bene chi!!! - aggiungo io*) che devo fare un testo di 400 parole!"

A me viene da ridere perché:

- Uno: ma chi te lo ha detto?!
- Due: che senso ha questa cosa?!

Non esiste una lunghezza massima e una minima GIUSTA, ben che meno con una precisione al numero di parole esatto.

L'importante è scrivere tutto quello che serve scrivere. Punto.

Stai tranquillo che se quello che scrivi ha senso e l'utente ha bisogno di quella cosa legge anche un testo di cinquantamila parole!

Quindi la lunghezza, se non diventa noiosa e aiuta il lettore in qualcosa, è sempre un punto di forza. E generalmente aiuta anche a "disattivare" la concorrenza perché a scrivere quattro righe sono capaci tutti (più o meno, in realtà non è assolutamente così) ma per scrivere molto è richiesta un'abilità fuori dal comune.

Comunque a parte tutto, non ti fissare mai su questo concetto. Chi si fissa su questo concetto rischia di perdersi lo scopo finale che è quello di catturare nuovi potenziali clienti paganti.

Quindi l'unica cosa che posso farti notare appunto è che un testo troppo corto rischia di essere troppo banale e non riesce a trasmettere i tuoi punti differenzianti. Tutto qui. Ma come sempre dipende sempre dal contesto.

Ad ogni modo, non esiste una lunghezza esatta. Chi dice questo è un cialtrone.

17° ERRORE

Se sei giunto fino qui nella lettura di questo report è anche grazie a un errore che NON ho commesso e che invece vedo spesso fare in molti siti web aziendali specie quando si devono spiegare concetti molto lunghi.

È importante usare le cosiddette frasi di transizione.

Le frasi di transizione servono per cercare di far rimanere l'utente incollato nella lettura di un testo e generalmente si mettono in alcuni punti strategici.

Esempi di frasi di transizione sono:

- Ti sto per mostrare....

- Se continui a leggere scoprirai che.....

- Prima di passare al prossimo punto dove ti rivelo un segreto potentissimo voglio dirti che....

Capito?

Sono molto importanti se si vuole portare il lettore a leggere tutto il testo.

Non usare queste frasi di transizione può causare:

- l'abbandono del sito

- l'abbandono della lettura del tuo testo

- la perdita di clienti e di soldi

- l'aumento delle entrate della tua concorrenza

- la noia tremenda in chi legge

- un effetto decisamente poco persuasivo

18° ERRORE

Siamo quasi giunti al termine di questa lista di 19+1 errori MORTALI che ti possono far perdere molti clienti paganti.

Come in ogni cosa il bello sta alla fine. Infatti questi due errori finali + 1 sono quelli a cui devi dedicare la massima attenzione.

Il diciottesimo errore è quello di NON scrivere le garanzie che offri.
Avere delle garanzie e saperle comunicare è fondamentale per distruggere la tua concorrenza. Soprattutto se operi in Italia.

Infatti non è uso comune in Italia garantire qualcosa per iscritto. Ma tu ormai dopo aver letto questo report fai già parte di una ristretta cerchia di persone "informate" e consapevoli di quello che serve per vendere di più e per raggiungere risultati decisamente sopra la media.

Non ti sognare proprio di dirmi: "ma io non offro alcuna garanzia".
Dici veramente?!?!

Se non hai mai formulato una garanzia, è arrivato il momento di farlo.

Ti scrivo per esempio la garanzia che offro con Testiperfetti.it. Anzi le due garanzie che offro!

Prima garanzia:
"Consegno testi veramente ottimizzati SEO e persuasivi nella data stabilita o è gratis"

Seconda garanzia:
"Hai fino a 45 giorni dalla consegna dei testi per richiedermi GRATIS eventuali revisioni, correzioni o integrazioni sui testi che ti ho consegnato"

Scrivere e offrire delle garanzie è estremamente importante.

Se tu fossi "il tuo cliente" quali garanzie vorresti avere?

Ecco, la risposta a questa frase potrebbe diventare la tua nuova garanzia.

È difficile? Certo che lo è!

Per esempio offrire le mie due garanzie è complesso e costoso ma con un po' di sana organizzazione ci riesco perfettamente.

A differenza di altri copywriter che non rispondono alle email oppure consegnano sempre in ritardo oppure consegnano con molti errori io faccio in modo che il mio cliente sia sempre estremamente soddisfatto evitando questi inconvenienti. Chi mi sceglie deve avere delle garanzie uniche. Punto.

Le garanzie si possono trovare in qualsiasi settore al mondo. Quindi non trovare scuse.

Voglio sfatare un mito che molto spesso sento dire dai miei clienti:
"ma se io offro quella garanzia il cliente ci prova e fa il furbo quindi è meglio non offrirla a nessuno"

Mi dispiace dirtelo ma non è così.

Per esempio la mia garanzia *"Hai fino a 45 giorni dalla consegna dei testi per richiedermi GRATIS eventuali revisioni, correzioni o integrazioni sui testi che ti ho consegnato"* potrebbe veramente farmi perdere molto tempo e qualche cliente sciagurato potrebbe approfittarsene. Ma vedi, ho constatato personalmente in moltissimi progetti che chi se ne approfitta è soltanto meno dello 0,1%.

Le garanzie servono per tutelare i clienti da fornitori sciagurati che danno fregature!

I clienti che si approfittano di qualche garanzia anche se in realtà sono soddisfatti del lavoro o del prodotto comprato sono realmente meno dello 0,1%.

Le garanzie aumentano gli ordini ma soprattutto aumentano la qualità del lavoro finale e di conseguenza il passaparola!

In ogni caso la garanzia è importante. Quindi trovala.

Ti metto qui alcune garanzie che puoi usare:

- Soddisfatto o rimborsato entro tot giorni dall'acquisto
- Reso e spedizione gratuito
- Consegno nella data stabilita o è gratis
- Consegno senza errori o è gratis
- Revisioni illimitate gratis entro tot giorni dalla consegna
- Tot revisioni incluse entro tot giorni dalla consegna
- Provalo per tot giorni e poi decidi
- Ri-stampa gratis
- Spedizioni in 6 ore garantite!
- Pizza calda a casa tua in 20 minuti o è gratis
- ecc

Ovviamente scegli quelle che hanno senso per la tua attività.

Una cosa molto importante: è fondamentale poi spiegare anche come fai per garantire quello che dici.

Io per esempio riesco a "consegnare nella data stabilita" perché ho un sistema molto efficace per calendarizzare i lavori e quindi so con molta precisione la data di consegna e posso garantirla.

Molto spesso su settori ad alta concorrenza e indifferenziati offrire una garanzia è un'arma molto potente per triplicare le entrate.

19° ERRORE

Immagina che hai scritto un testo perfetto privo di tutti questi 18 errori elencati finora.

Immagina che un cliente ha trovato il tuo sito su Google e ha letto tutto il tuo testo fino in fondo e poi non sa che deve fare.

L'errore qui è madornale.

Infatti, è ESTREMAMENTE IMPORTANTE alla fine di ogni testo scrivere chiaramente cosa deve fare l'utente.

Cosa vuoi che faccia quindi?

Per esempio generalmente le ipotesi sono:

- Richiedere un preventivo
- Acquistare un prodotto
- Chiamarti
- Inviarti qualche documento
- Rispondere a un questionario
- Condividere il tuo articolo
- Scaricare un tuo report
- Guardare un tuo video
- Venire in negozio
- ecc

Quindi è importante scrivere bene questo punto. Nella lingua dei digital markettari questo invito all'azione si chiama CTA (ovvero CALL-TO-ACTION, si pronuncia: col tu ecscion).

È fondamentale. Ricordati che l'utente va imboccato come un bebè e quindi non devi mai sottovalutare questo punto perché il tuo testo non servirebbe a niente!

Salvo rare eccezioni, più è semplice quello che vuoi che il tuo cliente faccia e più lo farà. Più è complesso e più tutta la fatica fatta sarà vana.

20° ERRORE – BONUS

Siamo arrivati QUASI alla fine di questo report. Questo ventesimo errore l'ho messo come bonus non perché non sia importante come gli altri (anzi è uno di quelli più importanti) ma perché purtroppo potresti avere dei problemi "organizzativi" con questo punto.

Il ventesimo errore comune è non inserire delle testimonianze dei tuoi clienti nei tuoi testi.

Molto spesso vedo testi aziendali, presentazioni, ecc dove non c'è l'ombra neanche di una recensione.

È un problema grave perché quello che dici oltre a garantirlo lo devi anche dimostrare con le recensioni di altri clienti che hanno provato i tuoi servizi o prodotti.

Le recensioni le puoi e le devi chiedere e pubblicare sul tuo sito a meno che tu non sia, per esempio, un avvocato che ha alcune restrizioni imposte dall'ordine degli avvocati di non poter pubblicare tutta una serie di informazioni sui tuoi clienti.

Ho avuto clienti che mi hanno detto: "Ma davvero sono importanti le recensioni?"

Tu quando compri un prodotto su Amazon, quando prenoti un albergo o un ristorante, quando devi scegliere un nuovo prodotto, quando devi assumere una baby sitter per tuo figlio vuoi sapere cosa pensano di quel prodotto e di quella persona gli altri che ci hanno avuto a che fare prima di te? Oppure non ti interessa?

Non mi dire di no perché non ci credo.
Quindi se ancora non lo fai inizia a chiedere subito le recensioni ai tuoi clienti. Punto.
Così puoi darmele e le posso inserire e VALORIZZARE all'interno dei tuoi testi.

Se non chiedi le recensioni ai tuoi clienti vuol dire che non sei sicuro del tuo operato o dei tuoi prodotti. Qui il problema è serio ma non credo che tu abbia questo tipo di situazione.

Ad ogni modo, chiedere le recensioni è un modo anche di migliorare quello che fai perché raccogli anche i punti di vista dei clienti a cui magari tu non avevi pensato. Quindi non aver paura a farlo.

Generalmente si fa così:

- O chiami direttamente il cliente e glielo chiedi esplicitamente
- Oppure crei un questionario guidato e lo fai compilare al cliente

In entrambi i casi chiedi cortesemente l'autorizzazione a pubblicare le risposte sul tuo sito.

In alcuni settori potresti dover troncare il cognome per ragioni di privacy.
Ricorda: meglio una recensione VERA con un cognome oscurato che non averla proprio.
Qui ti mostro un elenco di testimonianze che ho estrapolato dal mio "libro delle recensioni" lasciate dai miei clienti.

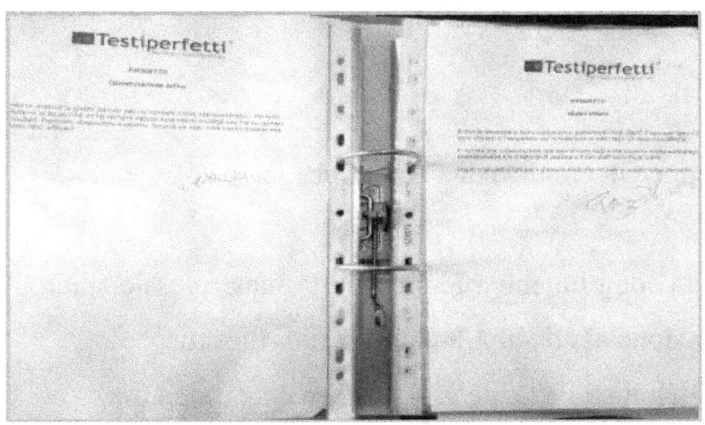

Giovanni Agresti dice di Testiperfetti.it

Mi sono affidato a Jessica e al suo cordialissimo staff per scrivere i testi dei siti web del mio gruppo di aziende. Sinceramente mi aspettavo molto meno di quello che effettivamente ho ricevuto. Jessica è veramente una professionista nel suo campo e riesce a tirar fuori il meglio da ogni progetto sottoposto. Assolutamente consigliata.

Giuseppe Ghiera dice di Testiperfetti.it:

Faccio i complimenti a Jessica per la sua professionalità e attenzione al cliente. In un mare di sedicenti "professionisti" è facile cadere in qualche fregatura come è successo a me. Fortunatamente poi ho conosciuto Jessica che ha risolto brillantemente tutti i problemi di comunicazione creati dai precedenti copywriter. Sono molto soddisfatto, sicuramente mi riaffiderò a lei ogni qual volta avrò la necessità di realizzare dei testi SEO persuasivi.

Marta Del Giudice dice di Testiperfetti.it

Da quando ho scoperto Jessica l'ho consigliata almeno una decina di volte ai miei fornitori e clienti. Dopo la prima consulenza che abbiamo fatto via Skype ha saputo subito fare centro. Mi ha fornito dei testi che mi hanno permesso di acquisire nuovi clienti paganti. Le garanzie che offre sono assolutamente vere e mi hanno fatto veramente molto piacere perché sono sinonimo di grande professionalità.

Luca Piermarini dice di Testiperfetti.it:

Tutto è iniziato quando il mio programmatore del sito web mi ha detto che avevo bisogno di un COPYWRITER. Così sono andato su Google e ho fatto un po' di ricerche. Alla fine ho trovato il sito Testiperfetti.it e ho subito capito la differenza tra un copywriter generalista e un copywriter specializzato nella SEO Persuasione. Così ho subito richiesto un appuntamento con Jessica perché avevo capito che era la persona giusta. A distanza di 4 mesi dopo la consegna dei testi posso confermare che la mia impressione era assolutamente giusta. Consiglio Jessica e tutto il suo staff.

Alessandro De Leo dice di Testiperfetti.it:

Faccio l'imprenditore da molti anni e non sapevo assolutamente che i testi di un sito web si devono scrivere con un metodo preciso. Così mi sono affidato prima ai ragazzi del mio staff ma non capivo perché il mio sito web non generava richieste. Così ho provato a chiedere al ragazzo che ci segue il sito web e lui mi ha detto che avevo bisogno di un copywriter. Lo dico con molta franchezza e non me ne vergogno ma non sapevo neanche come si scriveva e si leggeva la parola copywriter. Così ho iniziato delle ricerche e pensando che tutti i copywriter fossero uguali mi sono affidato al primo che mi sembrava idoneo. Dopo mesi dalla consegna del primo copywriter non si muoveva niente dal sito web e così decisi di fare un secondo tentativo. Non sapevo nulla di questo mondo ma sapevo che c'era qualcosa che non andava. Dopo un'attenta ricerca ho trovato Testiperfetti.it e ho subito capito la differenza. Jessica è una professionista e penso che oggigiorno una persona così faccia la differenza in un'azienda. La consiglio a tutti quelli che hanno un sito web e vogliono migliorare la loro visibilità e catturare nuovi clienti paganti.

Tornando a noi, ricordati che è importante raccogliere le testimonianze dei clienti. Se non lo hai mai fatto inizia subito e vedrai che benefici potrai avere.

Siamo giunti al termine di questo report che è volutamente breve.

Scrivere un mattone non aveva senso. In fin dei conti questo report è rivolto esclusivamente a imprenditori, professionisti, titolari di piccole attività che non hanno la necessità a mio avviso di entrare nei tecnicismi o capire tutte le sfaccettature che ci sono dietro la realizzazione di un testo. Questi 19 (+1) errori bastano e avanzano!

Ho cercato con tutta me stessa di spiegarti in una maniera concreta e facile quelli che sono i 19 (+1) errori MORTALI che possono danneggiare gravemente il tuo sito web aziendale e quindi di conseguenza anche le tue entrate economiche.

Ora sei sicuramente più consapevole del lavoro che c'è dietro la realizzazione di un testo per un sito web e hai un quadro veramente completo delle cose che è importante sapere.

Ti auguro di cuore una piscina olimpionica piena di soldi profumatissimi e ti auguro che tu possa goderteli in piena salute circondato dalle persone che ami. Ti auguro inoltre, tutta la felicità di questo mondo.

Ti ringrazio e ti faccio i miei più vivi complimenti per aver letto fino a qui questo report che ho scritto con amore. Sei già un eroe e sei già cento passi avanti a tutti gli altri!

Se vuoi capire come applicare praticamente tutto questo, vai a vedere il mio videocorso #PersuasiveSEO. Ho aggiunto anche una super lezione su come trovare le parole chiave giuste per il tuo specifico settore.

Trovi il videocorso #PersuasiveSEO online, quindi vai subito su persuasiveseo.it.

Ciao!

Jessica D'Ascenzo
Fondatrice di
Testiperfetti.it